Klara & Theo

Der Superstar

Klara & Theo

Der Superstar

Langenscheidt

Berlin · München · Wien · Zürich · New York

Leichte Krimis
für Jugendliche in drei Stufen

Der Superstar
– mit Mini-CD

Stufe 1

www.Langenscheidt.de

Druck: Mercedes-Druck, Berlin
Printed in Germany

ISBN 978-3-468-47724-9

3. 4. 5. 6. * 11 10 09 08

Die Hauptpersonen dieser Geschichte sind:

Olli (Oliver Claasen): 14 Jahre alt, Klassensprecher der 8b. Er hat wenig Zeit für die Schule, aber viele Hobbys: Fußball, Inline-Skaten und Musik. Zurzeit ist er verliebt und hat Geheimnisse.

Einstein (Albert Neumann): 13 Jahre alt, Klasse 8b, ein Genie in Mathematik und am Computer. Außerdem liebt und züchtet er Kaninchen. Er ist auch ein bisschen verliebt.

Moon (Carla Nowek): 13 Jahre alt, Klasse 8b. Sie hat meistens gute Laune und spielt gern Detektivin. Ihre Mutter kommt aus Korea.

Jessica (Jessica Berger): 13 Jahre alt, die größte in der Klasse 8b. Sie ist gut in der Schule und reitet gern.

Dr. Schmidt: Lehrer, seit zwei Jahren an der Schule. Er unterrichtet Mathematik und Biologie in der Klasse 8b. Er wirkt manchmal ein bisschen komisch und altmodisch, aber er ist nett und die Schüler und Schülerinnen mögen ihn.

1

„Claasen!"
„Guten Tag, Frau Claasen. Hier ist Einstein …"
„Albert Einstein?"
„Ja, nein, natürlich nicht, Albert Neumann. Meine Freunde nennen mich Einstein. Ist Olli da?"
„Du meinst sicher Oliver, nicht? Nein, Oliver ist nicht da."
„Wissen Sie vielleicht, wann Olli, Entschuldigung, Oliver zurückkommt?"
„Nein, leider nicht, junger Mann. Ich weiß gar nichts. Ich bin die Großmutter von Oliver und zu Besuch und alle sind weg und niemand sagt mir …"
„Vielen Dank, Frau Claasen, ich ruf später noch einmal an!"

Einstein wählt eine neue Telefonnummer.
„Hi, hier ist Jessica!"
„Hallo, Jessica, hier ist Einstein. Weißt du, wo Olli steckt?"
„Hallo, Meister der Zahlen. Nee, ich hab keine Ahnung, wo Olli ist. Ich hab schon bei ihm angerufen, aber da ist nur so eine alte …"
„Seine Oma!"
„Ach, die alte Dame ist seine Oma. Ein bisschen durch den Wind[1] … Hat mir viel erzählt. Niemand sagt ihr Bescheid, alle sind immer weg und sie ist ganz allein."
„Und du hast wirklich keine Ahnung, wo Olli ist?"

„Nein. Olli ist komisch in letzter Zeit. Nach der Schule muss er sofort nach Hause und nachmittags hat er nie Zeit."
„Merkwürdig. Na ja. Danke, Jessica und tschüs, bis morgen."

Einstein wählt noch einmal eine Telefonnummer.
„Guten Tag. Hier ist der Anrufbeantworter von Anton, Me-Sun und Carla Nowek. Wir sind im Moment leider nicht da. Nach dem Pfeifton können Sie eine Nachricht hinterlassen. Wir rufen zurück. Vielen Dank!" Piiiiiiep!!
„Hallo, hier ist Einstein. Das ist eine Nachricht für Moon. Moon, weißt du vielleicht, wo Olli steckt? Ruf mich doch bitte zurück. Tschüs!"

Einstein schaltet das Handy[2] aus und denkt nach.
Olli ist Einsteins bester Freund. Er ist schon 14 und geht auch in die Klasse 8b. In der Schule ist er nicht so gut und leiht sich immer Einsteins Hausaufgaben. Olli hat einfach zu viele Hobbys.
„Wo steckt er nur?"
Dann hat Einstein eine Idee. Er holt sein Fahrrad aus der Garage und fährt zum Stadtpark.
Nach ein paar Runden findet er sein Ziel.

„Hallo, Einstein! Seltener Besuch! Willst du auch mal Skaten? Komm! Ich leih dir mein Skateboard!" Vier Jugendliche stehen an der Half-Pipe und lachen.

„Ich bin doch nicht lebensmüde. Nein, danke! Ich suche Olli, habt ihr ihn gesehen?“
„Nee.“
„Keine Ahnung, wo der steckt.“
„Olli war schon lange nicht mehr hier.“
„Frag doch Jessica, die weiß bestimmt, wo ihr Süßer steckt!“
Alle lachen.

2

„Kannst du mir Mathe leihen, Einstein?"
„Wieder mal keine Hausaufgaben, Olli?"
„Na ja, du weißt doch, ich bin total beschäftigt. Für Hausaufgaben hab ich einfach keine Zeit."
„Komm doch heute Nachmittag zu mir, dann machen wir die Hausaufgaben zusammen."
„Geht leider nicht, Einstein. Ich bin total im Stress. Ich hab überhaupt keine Zeit. Kannst du sie mir nicht jetzt leihen? Nach der Pause gebe ich sie dir zurück. Ich schreib sie nur schnell ab."
„Was ist los mit dir, Olli? Du hast nie mehr Zeit. Und nächste Woche ist der Mathetest. Und du weißt, wenn du …"
„Mensch, du redest schon wie meine Mutter. Leihst du mir die Hausaufgaben oder nicht?"
„Ja, klar, schon gut, hier ist das Heft."
Im Pausenhof trifft Einstein Jessica und Moon.
„Na, warum bist du so bedrückt?"
„Ach, es ist … wegen Olli. Er ist in letzter Zeit so komisch. Hoffentlich hat er nicht wieder was ausgefressen[3]."
„Du meinst die Geschichte mit den Goldmünzen*?", fragt Moon.
„Ja, da hat er auch keinem was erzählt und ich …"
„Mir hat er alles erzählt!", ruft Jessica dazwischen und lacht.
„Aber du hast recht, in letzter Zeit hat er einfach

keine Zeit. Irgendetwas stimmt nicht." Einstein isst sein Pausenbrot auf und seufzt: „Und wenn er nicht für den Mathetest lernt, fliegt er von der Schule[4] …"
„Vielleicht nimmt er ja heimlich Mathe-Nachhilfe", kichert Moon.
„Was machst du heute Nachmittag, Einstein? Treffen wir uns in der Stadt?"
„Ja, gerne. Wo denn?"
„Um vier vor dem Internetcafé?"
„Prima! Ich komme!"
„Ding-dong!"
Die Pause ist zu Ende.

3

16 Uhr.
Einstein wartet vor dem Internetcafé und freut sich auf das Treffen mit Moon. Er ist immer pünktlich, d. h., meistens kommt er zu früh.

16 Uhr 15.
Einstein wartet immer noch.
Er ist ein bisschen aufgeregt.
Er mag Moon.

16 Uhr 30.
Einstein ist enttäuscht. Moon ist nicht gekommen.
„Besser, ich fahre nach Hause," denkt er.

„Einstein!“ Moon rast[5] um die Ecke.
Sie stellt ihr Fahrrad ab und ist völlig außer Atem.
„’tschuldigung, Einstein. Tut mir leid …, wartest du schon lange?“
„Nee, eben erst gekommen. Fünf Minuten. Was ist los, Moon?“
„Komm, wir gehen rein. Ich brauche jetzt eine Cola. Ich muss dir was erzählen …“
Sie sitzen im Internetcafé. Moon trinkt schon das zweite Glas Cola.
„Moon, mach es nicht so spannend! Was ist denn passiert, jetzt erzähl endlich!“
„So, das war gut!“
Moon stellt das Glas ab und erzählt.
„Rate mal, wen ich vorhin getroffen habe?“
„Keine Ahnung. Vielleicht Dr. Schmidt im Plattenladen, wo er sich die neuen Hiphop-CDs angehört hat?“
„Quatsch!“
„Na, dann vielleicht Britney Spears bei ‚H&M‘?“
„Ach was! Ol-li! Ich habe Olli getroffen!“
„Und deshalb bist du so aufgeregt? Den triffst du doch jeden Tag in der Schule. Was ist da so besonders?“
„Ja, aber nun rate mal, wo ich ihn getroffen habe!“
„Hör auf mit dem Ratespiel. Ich weiß es nicht.“
„Vor der Musikschule!“
„Na und?“
„Ich bin mit dem Rad über den Marktplatz gefahren, die Goethestraße entlang, und vor der Städti-

schen Musikschule steht Olli. Wir haben kurz miteinander geredet und ich bin dann weitergefahren. Besser gesagt, ich habe so getan, als ob ich weiterfahren würde. Olli hat mich beobachtet. In der Schillerstraße habe ich mein Rad abgestellt und bin zurück zum Markt gelaufen. Da hab ich gesehen, dass Olli immer noch da ist. Und nach ein paar Minuten ist ein Typ gekommen und die beiden sind in die Musikschule gegangen."
„Ich versteh dich immer noch nicht, Moon. Das ist doch nichts Besonderes!"
„Nun überleg mal, Mister Superschlau! Olli geht nie freiwillig in eine Schule, auch nicht in eine Musikschule. Oder glaubst du, Olli nimmt Flötenunterricht?"
„Stimmt. Das ist wirklich etwas merkwürdig."
„Und was machen wir jetzt?"
„Wir können ihn ja beobachten und …"
„Einstein! Ich meine, was wir beide jetzt machen?"
„Wir können in den Plattenladen gehen und neue CDs anhören oder, hm, wir gehen in den Park …"
„… oder wir fahren zu mir. Und lernen für den Mathetest!"
„Wirklich?"
„Ach, Einstein! Komm, wir gehen."

4

Jessica, Einstein und Moon stehen vor der Schule. Es ist zehn vor acht.
„Seht mal, wer da kommt!“
„Hallo, ihr drei!“
„Morgen, Olli! Immer noch im Stress?“
„Total! Die einzige Erholung ist der Vormittag in der Schule. Ihr wisst ja, der Schulschlaf ist sehr gesund …“
„Sehr witzig!“
„Olli, wir drei sind deine Freunde. Wir wissen doch, dass etwas mit dir nicht stimmt. Seit Tagen bist du ziemlich komisch, hast nie mehr Zeit, gehst allen aus dem Weg. Sag uns doch endlich, was los ist!“ Moon hat sich vor Olli gestellt und schimpft.
„Ach Leute, ich kann euch dazu im Moment nichts sagen. Lasst mich einfach in Ruhe. Ihr erfahrt das schon noch …“
„Vielleicht interessiert es uns dann aber nicht mehr!“, antwortet Jessica und geht ins Klassenzimmer.

3. Stunde: Chemie.
Die Stunde ist fast zu Ende. Noch fünf Minuten bis zur Pause. Die Lehrerin, Frau Müller-Wohltat, blättert in ihrem Notenheft.
„Ich brauche von einigen noch ein paar mündliche Noten. Oliver Claasen, kommst du mal bitte an die Tafel!“

Langsam steht Olli auf und geht zur Tafel.
„Du hast doch sicher gut aufgepasst heute. Erkläre uns doch noch mal die Zusammensetzung der …“
„Rumms!“

In der Fensterreihe fallen zwei Stühle um. Ein Schüler liegt am Boden und jammert.
„Albert!"
Die Lehrerin läuft zu Einstein.
„Au! Oh, au!"
„Albert? Was ist los?"
„Oh, das tut weh! Aua, mein Kopf."
„Was ist passiert?"
„Entschuldigung, mir war so schlecht. Ich glaube, ich bin vom Stuhl gefallen. Oh, mein …"
„Frau Müller, darf ich mal?"
Olli hat ein nasses Taschentuch und legt es Einstein auf den Kopf. Im gleichen Moment beginnt die Pause.
„Ding, dong!"
„Danke, das tut gut. Es geht schon viel besser. Ich brauche nur frische Luft."
Frau Müller-Wohltat sagt zu Olli: „Claasen, du begleitest Albert in den Pausenhof."
„Ja, Frau Müller! Ich passe gut auf ihn auf!" Und leise sagt er zu Einstein: „Danke! Das war Rettung in letzter Minute! Ohne dich … "
„Ja ja, ich weiß, schon o.k."

5

„Albert Neumann!"
„Hallo, Einstein! Hier ist Moon. Du, heute Nachmittag geht es leider nicht. Ich muss mit den Eltern zu meiner Tante aufs Land. Hast du morgen Zeit?"
„Am Samstag? Nein, da muss ich meinem Vater helfen. Geht es bei dir am Sonntag?"
„Ja, ich glaube schon. Am Nachmittag?"
„So gegen vier?"
„Prima! Also dann bis Sonntag … Ich bringe Kekse mit! Tschüs, Einstein."
„Tschüs, Moon!"

Freitagnachmittag.
Einstein langweilt sich. Moon hat keine Zeit. Olli hat keine Zeit. Niemand hat Zeit.
Er geht hinter das Haus. Da steht ein kleines Häuschen aus Holz: der Kaninchenstall.
Den Stall hat Albert zusammen mit seinem Vater gebaut.
Albert hat neun Kaninchen.
Sein Lieblingskaninchen heißt „Mister X".
„Mister X" hat bei einer Ausstellung schon einen Preis gewonnen.
Er nimmt das Kaninchen auf den Arm und gibt ihm ein Salatblatt.
„Hallo, Champion[6]! Meine Freunde haben keine Zeit. Aber zum Glück hast du immer Zeit."

Albert sieht auf die Uhr: Kurz vor drei.
Er überlegt. Dann setzt er das Kaninchen wieder in den Stall.
„Tut mir leid, Champion. Ich habe leider auch keine Zeit."

Albert fährt mit dem Fahrrad zum Markt. Er stellt sein Fahrrad ab und geht vorsichtig in die Goethestraße. Hinter einem Lastwagen bleibt er stehen und beobachtet den Eingang der Städtischen Musikschule.

Kurz vor vier Uhr.
Olli kommt.
Er wartet am Eingang. Nach ein paar Minuten hält ein schwarzer Mercedes. Zwei Männer steigen aus und gehen mit Olli in die Musikschule.
Albert geht ins Internetcafé. Er trinkt eine Cola und wartet. Nach einer halben Stunde geht er zurück in die Goethestraße. Der schwarze Mercedes ist weg.

6

Wochenende.
Am Samstag hat Albert mit seinem Vater ein neues Dach für den Kaninchenstall gebaut. Am Abend sitzt Familie Neumann im Garten. Herr Neumann grillt Steaks. Frau Neumann und Albert decken den Tisch.
„Morgen kommt Oma und wir machen einen Ausflug."
„Ich kann nicht! Morgen kommt Moon, äh, Carla …"
„Das ist doch kein Problem, Carla kann doch mitkommen."
„Nein, Mama! Wir lernen für den Mathetest."
„Die Steaks sind fertig!"
„Kurt! Albert will morgen nicht mitfahren, er bekommt Besuch!"
„Ja, Papa. Ich muss mit Carla für den Mathetest lernen."
„Hm, sehr brav, mein Sohn! Schule ist wichtig. Ich kann euch natürlich helfen. Dann müssen Mama und Oma den Ausflug alleine machen …"
„Kurt!"
„Mein Schatz, ich hab doch nur Spaß gemacht."

Sonntagnachmittag. Kurz vor vier.
Einstein wartet auf Moon.
Er holt die Mathesachen.
Es klingelt und Einstein rennt zur Tür.
„Hallo, Moon!"
„Hallo, Einstein! Willst du sofort mit dem Lernen anfangen?"

„Ich? Wieso?“
„Weil du die Mathesachen schon in der Hand hast!“
„Nein, die hab ich ..., die wollte ich gerade weglegen...“
„Hier, die Kekse. Hast du vielleicht ’ne Cola?“
„Verstehe, zuerst das Vergnügen, dann die Arbeit![7]“
„Klar!“ Moon lacht.

„Meine Oma nervt. Schau mal, was sie mir mitgebracht hat.“
Er gibt Moon ein Taschenbuch.
„*Die Schwarze Hand*. Was ist das? Ein Krimi?“
„Ja, aber ein Krimi für Babys. Sie glaubt, ich gehe noch in den Kindergarten.“
„Omas sind so. Aber sie wollte dir bestimmt eine Freude machen.“
„Na ja ...“
„Schau mal, das ist ein richtiger Krimi.“ Moon gibt Albert einen Computerausdruck.

„Und was ist das?"
„Das steht morgen in der Zeitung. Den Artikel hat mir mein Vater gegeben."

Diebstahl in der Städtischen Musikschule
(eB) Leider konnte das Jahresabschlusskonzert[8] *der Städtischen Musikschule am Samstagabend nicht stattfinden. Die Leiterin der Musikschule, Frau Dr. Ilse Werner, hat der Redaktion den Diebstahl von wertvollen Musikinstrumenten und der kompletten Soundanlage bestätigt. Frau Dr. Werner: „Der oder die Täter hatten bestimmt einen Schlüssel. Es gibt keine Spuren. Wir stehen vor einem Rätsel. Die Polizei ermittelt gegen Unbekannt."*

Albert liest den Artikel noch einmal. Dann gibt er das Blatt Moon zurück.
„Und du meinst …?"
„Ich meine gar nichts. Aber wir müssen mit ihm reden!"

7

Montagvormittag.
„Es ist gleich acht! Wir müssen rein."
„Nein, ich warte. Er kommt bestimmt gleich."
„Los, Einstein, komm jetzt! Wir reden in der Pause mit ihm. Olli kommt bestimmt wieder zu spät."

Dr. Schmidt kommt ins Klassenzimmer und legt seine Tasche auf das Pult.
Ollis Platz ist immer noch leer.
Dr. Schmidt ist schon seit zwei Jahren an der Schule. Aber manche Schüler sagen immer noch „der Neue“. Herr Schmidt unterrichtet Mathematik und Biologie und ist der Klassenlehrer der 8b.

„Guten Morgen! Heute machen wir eine Wiederholungsstunde. Bitte passt gut auf und fragt, wenn ihr etwas nicht versteht. Ihr wisst ja, morgen schreiben wir den Test und die Note ist für einige von euch ziemlich wichtig für das Zeugnis.“
Dr. Schmidt wiederholt den Stoff, beantwortet Fragen und erklärt geduldig. Die Klasse arbeitet konzentriert. Kurz vor der Pause: piiep-piiep-piiep!
Dr. Schmidt sucht sein Handy. Zuerst sucht er in seiner Jacke, dann in seiner Tasche: Mathebuch, Notenheft, Kalender, Taschenrechner, Pausenbrot, Schlüssel …
„piiep-piiep-piiep!
„Schmidt!“
Er geht mit dem Handy zum Fenster.
„Moment mal, bitte! … Es ist Pause. Geht ruhig schon, wir sehen uns ja heute in der 6. Stunde noch mal. Wer dann noch Fragen hat …“
Einstein packt sein Pausenbrot aus und beobachtet ihn.
„Ja, da bin ich wieder. Wirklich? Super! Gratuliere! Wann? Hm …“

„Wo ist eigentlich Olli?“
„Keine Ahnung!“
„Und das da? Moon hat mir alles erzählt! Wieso habt ihr mir nichts davon gesagt?“
Jessica hat die Zeitung in der Hand und deutet auf den Artikel.
„Das ist doch nur ein Verdacht und wir …“
„Ihr seid ja schöne Freunde! Ihr verdächtigt Olli?“
„Wir wissen auch nicht, … Aber er war in der Musikschule. Ich hab ihn am Freitagnachmittag gesehen und da waren noch zwei Typen mit einem Mercedes … Und heute ist er nicht in der Schule.“
Einstein ist verlegen.
Jessica ist wütend.
„Und warum ruft ihr ihn nicht einfach an? Vielleicht gibt es ja eine ganz einfache Erklärung!“
„Ich hab x-mal angerufen, aber es ist nur die Mailbox an. Und meine SMS[9] hat er nicht beantwortet.“
„Denkt doch mal nach! Olli klaut[10] doch keine Musikinstrumente. Er hat selbst eine komplette Anlage, Gitarre, Schlagzeug, alles.“
„Dann erklär du uns doch mal, was er dauernd in der Musikschule macht. Vielleicht hat er den Typen nur einen Tipp gegeben und …“
„… und mit dem Geld ist er jetzt auf die Bahamas geflogen? Ihr habt sie doch nicht mehr alle![11]“
Jessica gibt Moon die Zeitung zurück und geht.
„Und was machen wir jetzt?“
„Erst mal Pause“, sagt Einstein und isst sein Pausenbrot.

8

Der Biologieunterricht ist fast zu Ende.
Die Klasse packt ihre Schulsachen ein, Dr. Schmidt wischt die Tafel.
„Halt, Moment noch. Ich habe noch eine wichtige Mitteilung für euch. Wir müssen den Mathetest leider verschieben. Wir schreiben ihn erst nächste Woche. Und dann noch die Hausaufgabe: Ihr müsst heute Abend fernsehen und eure Handys einschalten!"
„Wie bitte?"
„Fernsehen, als Hausaufgabe?"
„Was?"
Alle rufen durcheinander. Und manche glauben, ihr Lehrer ist verrückt geworden.
Dr. Schmidt lächelt.
„Ruhe bitte! Bitte seid mal still! Heute Abend tritt Olli im Fernsehen auf, bei einem Musikwettbewerb und die Zuschauer können per Handy abstimmen …"
„Die Sendung heißt ‚Superstar', Herr Schmidt!"
„Ich glaub's nicht, unser Olli im Fernsehen!"
„Wow, klasse!"
„Super!"
„Olli wird der Superstar!"
In der Klasse 8b herrscht große Aufregung.

19 Uhr 30.
Jessica, Moon, Einstein und andere Schülerinnen und Schüler der Klasse 8b sitzen bei Dr. Schmidt im Wohnzimmer. Auf dem Tisch stehen Gläser mit Saft und Mineralwasser. Auf einem Teller sind Sandwiches und Chips. Herr Schmidt trägt ein altmodisches Hemd mit bunten Blumen.
Alle sind aufgeregt.
Moon telefoniert. Sie ruft alle ihre Freundinnen und Freunde an.
„Ihr müsst Olli wählen! Der geht in meine Klasse! Nicht vergessen!“
Einstein ist nervös und isst die Chips fast ganz allein. Jessica ist ganz still. In der rechten Hand hält sie ein Taschentuch, in der linken ihr Handy. Auf dem Display steht:

Die Sendung beginnt.
Der Moderator stellt die zwölf Kandidaten vor.
Olli ist Nummer 7.

„Super! Sieben ist meine Glückszahl! Er gewinnt!"
„Ruhe! Es geht los!"
Nach jedem Song rufen alle durcheinander:
„Oh, Mann, das war ja furchtbar!"
„Zum Einschlafen!" – „Langweilig!" – „Da singt ja meine Oma besser!"
„Ruuuuuuhe!!"
Dr. Schmidt stellt den Fernsehapparat lauter:
„Unser nächster Kandidat hat seinen Song selbst geschrieben. Meine Damen und Herren, einen Applaus für Oliver Claasen und seinen Song ‚Jessica'!"

„Wach ich am Morgen auf – seh ich dich
schlaf ich am Abend ein – seh ich dich
Dauernd hab ich dein Bild vor mir
Jessica
Jessica
Jeden Morgen vor der Schule – seh ich dich
jeden Morgen in der Schule – seh ich dich
Fünf Tage in der Woche sehn ich mich nach dir
Jessica
Jessica
Lass mich in dein Leben rein
Nimm mein Herz, es ist jetzt dein
Dein Name ist in jedem Reim
Jessica
Jessica
…"

„Aua!"

9

Einstein liegt in seinem Bett. Es ist fast elf. Er ist müde, aber er kann nicht schlafen.
Olli hat nicht gewonnen. Er wird nicht der neue Superstar.
Trotzdem haben sich alle gefreut und es war eine lustige Party bei Dr. Schmidt.
Bei Ollis Song hat Moon ganz fest seine Hand gehalten.
Morgen kommt Olli wieder in die Schule.
Jetzt hat er wieder Zeit. Zeit für seine Freunde, Zeit für den Mathetest, Zeit …
„Pieep! Pieep! Pieep!"
Plötzlich klingelt das Handy.
„Ja?"
„Schläfst du schon?"
„Moon? Nein, ich schlafe noch nicht. Was gibt's denn?[12]"
„Der Diebstahl in der Musikschule ist aufgeklärt! Mein Vater hat mir einen Artikel gegeben. Es war gar kein Diebstahl. Jemand hat sich die Sachen nur ausgeliehen, ein Missverständnis.
Vielleicht kannst du jetzt besser schlafen. Gute Nacht, Einstein!"
„Ja, jetzt kann ich bestimmt besser schlafen. Bis Morgen, gute Nacht, Moon!"

Einstein schaltet das Handy aus.
Er sieht aus dem Fenster, sieht den Mond und die Sterne.
„… schlaf ich am Abend ein – seh ich dich
Dauernd hab ich dein Bild vor mir
Moon.“

ENDE

Landeskundliche Anmerkungen/Glossar

1 *durch den Wind sein*: etwas verwirrt sein, nicht bei der Sache sein

2 das *Handy*: das Mobiltelefon

3 *etwas ausgefressen haben*: wenn man heimlich etwas gemacht hat, was nicht erlaubt ist oder Ärger gibt

4 *von der Schule fliegen*: wenn man von der Schule gehen muss, hier: weil die Noten zu schlecht sind und man die Klasse schon zweimal wiederholt hat

5 *rasen*: sehr schnell fahren

6 der *Champion*: engl. Gewinner eines Wettbewerbs/Wettkampfs, vor allem im Sport

7 „*zuerst das Vergnügen, dann die Arbeit*": Redewendung, normalerweise umgekehrt: zuerst die Arbeit, dann das Vergnügen

8 das *Jahresabschlusskonzert*, hier: das Konzert der Musikschüler am Ende von einem (Lehr-) Jahr an der Musikschule

[9] die *SMS*: schriftliche Nachricht per Handy

[10] *klauen*: stehlen

[11] „*Ihr habt sie doch nicht mehr alle*!“: Ihr spinnt, ihr seid verrückt.

[12] „*Was gibt's denn*?“: Was ist los, was ist passiert?

* siehe: „Einstein und die falsche Fährte“, geni@l *A2*, Kursbuch S. 66 ff.

Aufgaben, Übungen und Tests

A. Lies noch einmal Kapitel 1.

1. Wen sucht Einstein?

   Er sucht ……………………………………………

2. Wen ruft Einstein an und mit wem spricht er? Ordne zu.

Er ruft bei Olli an,	aber dort ist niemand zu Hause.
Dann ruft er Jessica an,	aber es ist nur die Oma zu Hause.
Danach ruft er Moon an,	aber sie weiß nicht, wo Olli ist.

B. Zu Kapitel 2

1. Was möchte Olli von Einstein und warum?

2. Warum macht sich Einstein Sorgen um Olli? Nenne 3 Gründe.

a) ....

b) ....

c) ....

C. Zu Kapitel 3

1. Stell dir vor, du hattest eine Verabredung mit Einstein, kommst eine halbe Stunde zu spät und bist ganz aufgeregt. Erzähl ihm, warum.

....

....

....

....

2. Moon erzählt Einstein, dass sie Olli in der Musikschule getroffen hat. Olli hat dort für den Mathetest gelernt. Dann ist ein Typ gekommen und hat Olli abgeholt. Die beiden sind zum Marktplatz gegangen und Moon hat sie beobachtet. →

Nein, es war ganz anders. Zuerst ....

.... *, dann* ....

....*. Danach* ....

Sie hat ....*.*

Nach ein paar Minuten ....

....*.*

D. Lies noch einmal den letzten Abschnitt von Kapitel 4 und kreuze an:

Einstein ist vom Stuhl gefallen,

☐ weil der Stuhl kaputt war

☐ weil ihm schlecht war

☐ weil er wusste, dass Olli nicht aufgepasst hat, und weil er ihm helfen wollte

E. Zu Kapitel 5

Einstein beobachtet Olli vor der Musikschule. Wer sind die beiden Männer im schwarzen Mercedes? Hast du eine Idee?

....

F. Zu Kapitel 6

1. Moon zeigt Einstein einen Computerausdruck. Was ist passiert? Lies noch einmal den Zeitungsartikel und ergänze die Lücken.

   Das Jahresabschlusskonzert der Städtischen .... konnte nicht stattfinden. Diebe haben wertvolle .... und die komplette .... gestohlen. Die Täter hatten bestimmt einen .... , denn es gibt keine ....

2. Mit wem müssen Moon und Olli reden?

3. Was denkst du, ist Olli der Dieb ?

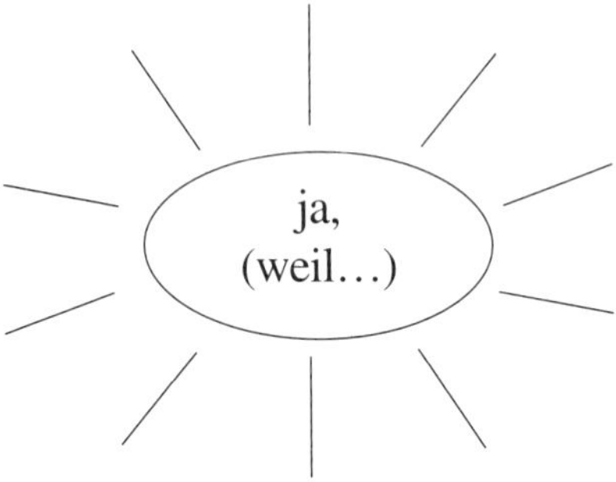

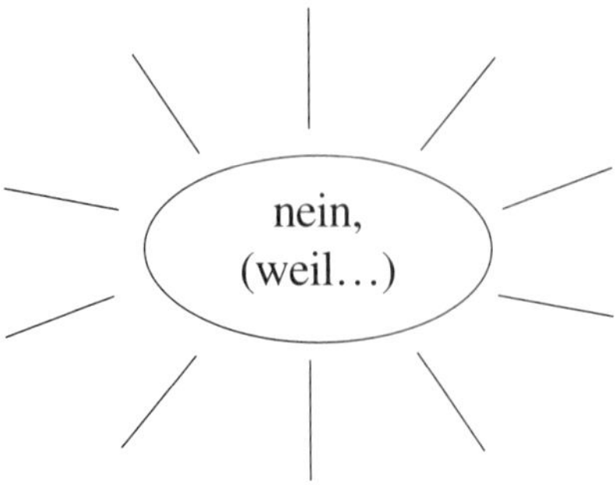

G. Zu Kapitel 7

Jessica ist wütend auf ihre Freunde, weil sie Olli verdächtigen. Warum glaubt sie nicht, das Olli der Dieb ist?

H. Zu Kapitel 8

1. Welche Sendung sehen sich die Schüler und Schülerinnen bei Dr. Schmidt an?

2. Warum haben alle die Handys dabei?

   ☐ Sie müssen Olli im Fernsehen anrufen.

   ☐ Sie müssen per Handy für Olli abstimmen.

3. Jessica ist ganz still,

☐ weil sie nervös ist.

☐ weil sie Angst hat.

☐ weil Olli sein Lied nur für sie singt.

4. Weißt du noch, wie Ollis Lied geht?

……………………………………, seh ich dich

……………………………………, seh ich dich

I. Zu Kapitel 9

Der Diebstahl in der Musikschule ist aufgeklärt. Was ist passiert?

……………………………………………………………

J. Das ist in dieser Geschichte passiert. Nummeriere die richtige Reihenfolge.

☐ Einstein ist verliebt.

☐ Moon ist aufgeregt.

☐ Olli singt im Fernsehen.

☐ Einstein macht sich Sorgen um Olli.

- ☐ Moon hat Olli vor der Musikschule gesehen.
- ☐ Einstein sucht Olli.
- ☐ Olli muss in der Chemiestunde an die Tafel … mündliche Noten.
- ☐ Einstein hat eine Verabredung mit Moon vor dem Internetcafé.
- ☐ Einstein fällt vom Stuhl.
- ☐ Jessica ist sauer auf ihre Freunde.
- ☐ Einstein beobachtet Olli und die Männer im schwarzen Mercedes.
- ☐ Olli ist in letzter Zeit komisch und hat nie Zeit.
- ☐ Moon und Einstein lernen für den Mathetest.
- ☐ Olli möchte seinen Freunden nicht sagen, warum er keine Zeit für sie hat.
- ☐ Moon zeigt Einstein einen Zeitungsartikel.

Übersicht über die in dieser Reihe erschienenen Bände:

Stufe 1

Detektiv wider Willen	40 Seiten	Bestell-Nr. **47726**
– mit Mini-CD	40 Seiten	Bestell-Nr. **47731**
Der Superstar	40 Seiten	Bestell-Nr. **47718**
– mit Mini-CD	40 Seiten	Bestell-Nr. **47724**

Stufe 2

Ausgetrickst	40 Seiten	Bestell-Nr. **47725**
– mit Mini-CD	40 Seiten	Bestell-Nr. **47730**
Einstein und das tote Kaninchen	40 Seiten	Bestell-Nr. **47714**
– mit Mini-CD	40 Seiten	Bestell-Nr. **47720**
Kommissar Zufall	40 Seiten	Bestell-Nr. **47715**
– mit Mini-CD	40 Seiten	Bestell-Nr. **47721**
Das letzte Hindernis	40 Seiten	Bestell-Nr. **47716**
– mit Mini-CD	40 Seiten	Bestell-Nr. **47722**
Die Müllmafia	40 Seiten	Bestell-Nr. **47727**
– mit Mini-CD	40 Seiten	Bestell-Nr. **47733**

Stufe 3

Anna	40 Seiten	Bestell-Nr. **47717**
– mit Mini-CD	40 Seiten	Bestell-Nr. **47723**
Die doppelte Paula	40 Seiten	Bestell-Nr. **47728**
– mit Mini-CD	40 Seiten	Bestell-Nr. **47732**
Spuk im Nachbarhaus	40 Seiten	Bestell-Nr. **47729**
– mit Mini-CD	40 Seiten	Bestell-Nr. **47734**